AF248000

SITUATION DE LA FRANCE

SOUS

L'EMPEREUR NAPOLÉON III.

PARIS. — TYPOGRAPHIE HENRI PLON, IMPRIMEUR DE L'EMPEREUR,

RUE GARANCIÈRE, 8.

SITUATION

DE

LA FRANCE

SOUS

L'EMPEREUR NAPOLÉON III.

(Extrait du recueil périodique anglais
THE NEW QUARTERLY REVIEW.)

Novembre 1857.

Prix : 1 fr.

PARIS,

A LA LIBRAIRIE NOUVELLE,
15, BOULEVARD DES ITALIENS.

1858

PRÉFACE DE L'ÉDITEUR FRANÇAIS.

La reproduction d'un article publié à Londres, au mois de novembre dernier, dans le XXIVe numéro de la *Nouvelle Revue trimestrielle (The New quarterly Review)*, a paru mériter l'attention du public français, parce que ce travail traite, au point de vue d'une nation amie et alliée de l'empereur Napoléon III, un ordre de questions sur lesquelles les vieux partis, en France, ont fabriqué, avec plus ou moins d'art, un thème d'opposition qu'ils exploitent partout où ils peuvent et du mieux qu'ils osent.

Tel est, par exemple, l'effort tenté pour établir une prétendue assimilation de l'empire français à l'empire romain sous les Césars.

L'écrivain de la *New quarterly Review* prenant pour ainsi dire un à un les traits de cette comparaison, arrive à montrer que c'est de contrastes et d'oppositions, et non de similitudes, qu'il faudrait parler.

Telle est aussi l'allégation si souvent reproduite par les ennemis du gouvernement impérial, que les nouvelles institutions de la France ne répondent ni aux vœux ni aux intérêts réels de notre pays, parce

qu'elles ne sont pas, comme les chartes de 1814 et
de 1830, des pièces de rapporte mpruntées à la constitution politique de la nation anglaise ; emprunt malencon-
treux, fait d'une manière abrupte et dans des moments
de crise, aux institutions séculaires d'un peuple chez
lequel la constitution sociale, la tradition historique et
la situation présente diffèrent si profondément de ce
qui a existé naguère, et surtout de ce qui existe actuel-
lement chez nous.

Ici l'auteur, au lieu d'entrer en polémique, écarte,
de droite et de gauche, les sophismes qui obstruent la
voie. Il dégage la vérité et lui rend tout son éclat, par
un ample exposé de la situation générale de l'Europe.
La France y est placée dans la position que lui a faite
Napoléon III, sous la protection de Dieu et par l'inspi-
ration du génie national, dont l'héritier de la quatrième
Dynastie se montre en toutes choses si évidemment
animé.

Dans cet exposé se trouve un trait remarquable entre
tous, en ce qu'il assigne à la Dynastie Napoléonienne
un caractère qui est la véritable expression de son œuvre
et de sa mission sociale, et qui formera son titre historique.

Il est clair, aux yeux de tous, que la *Quatrième Dy-*
nastie n'est pas la continuation de l'Ancien Régime, et
qu'elle ne veut ni ne peut en essayer la restauration
pure et simple. Mais, par cette raison, certaines personnes veulent que la mission de cette dynastie soit de
personnifier la Révolution. Là est l'erreur. On ne con-
tinue pas la tempête, qui, de sa nature, est passagère
et transitoire. On ne personnifie pas la démocratie qui

prétend ériger en principe la souveraineté d'une multitude où chacun ne personnifie que lui-même, si, toutefois, elle n'arrive pas jusqu'à ce comble de l'absurde où chacun voudrait se faire prendre, à titre égal, pour le représentant de la nation !

Le 13 vendémiaire ne fut pas, Dieu merci, une continuation de 1793, pas plus que le 2 décembre 1851 n'a été la continuation des scènes du Jeu de Paume en 1789.

L'Empire exprime le jugement de Dieu sur le plus profond différend moral et sur le plus terrible conflit d'intérêts qui se soient débattus dans l'histoire moderne.

Aux acclamations de toutes les classes du peuple français, Napoléon Ier eut charge de rendre et de faire exécuter ce jugement. Son œuvre fut interrompue, mais les bases posées subsistèrent. Elles ont été trouvées presque intactes par son successeur. Et comme pour attester d'une manière irrécusable qu'il s'agissait alors et qu'il s'agit encore aujourd'hui de l'exécution d'un décret d'en haut, et non pas d'une *transaction amiable,* l'expérience a démontré que cette transaction amiable, essayée deux fois avec sincérité et bonne volonté, et dans des conditions diverses, a échoué deux fois : de 1814 à 1830, par les Bourbons de la branche aînée; de 1830 à 1848, par les Bourbons de la branche cadette !

Ne parlons de ce qui s'est passé, de 1848 à 1851, que pour nous rendre compte, encore une fois, de tous les dangers et de toute la vanité des efforts de nivellement, et pour constater, par le résultat d'une expérience nouvelle, l'impuissance absolue des démocrates (républicains, socialistes ou autres) non pas même à fonder un gouvernement acceptable et durable, mais à réaliser, ne fût-ce que pour un jour, quelque chose qui ressemble à une application des quatre sophismes révolutionnaires : *Liberté, égalité, fraternité, souveraineté du peuple.* C'est là ce qu'on appelle, par une sorte d'antinomie dérisoire, le *radicalisme,* sans doute parce que ce radicalisme a pour objet de couper toutes les racines de l'ordre social : *Lucus à non lucendo.*

La mission de la Dynastie Napoléonienne n'est pas de fonder un gouvernement de classes, mais de faire, au profit de toutes les classes et au profit de la civilisation, l'*arbitrage* d'une situation tellement difficile et tellement compliquée, qu'elle ne peut pas être réglée par les voies ordinaires.

Le successeur de Napoléon Ier, troisième du nom (1), ne représente pas plus la démocratie et la révolution qu'il ne représente l'aristocratie ou la bourgeoisie. Il représente : la monarchie française au dix-neuvième siècle; c'est-à-dire la nation tout entière, avec ce qui est resté vivant de ses traditions, avec les perspectives de grandeur morale et de prospérité matérielle qui lui sont ouvertes, dans les proportions nouvelles que comportent un corps social homogène de 36 millions d'âmes, et un corps politique de 10 millions d'électeurs, égaux devant la loi, à la seule condition d'être sujets fidèles du souverain qui est chargé de maintenir l'unité et l'universalité de cette loi. Sur ce point, la *New quarterly Review* s'exprime ainsi :

---

(1) De ce que Napoléon II, proclamé seulement, n'a pas régné, il ne s'ensuit pas que la légitime tradition du nom aurait dû être interrompue, lorsque la même œuvre dynastique a été reprise.

« Au milieu de la confusion universelle produite,
» d'un côté, par la résistance tantôt latente, tantôt pa-
» tente, mais toujours obstinée et inexorable des inté-
» rêts menacés et des vieux partis, et, de l'autre côté,
» par l'agression aveugle et indisciplinée d'une cohue
» qui s'appelait elle-même LA RÉVOLUTION, comme pour
» rendre son avénement impossible; à la veille d'une
» élection générale où cette révolution, dite démocra-
» tique et sociale, allait inévitablement forcer le frêle
» endiguement que l'on avait cherché à lui opposer par
» une loi restrictive du suffrage universel, il fallait à
» l'ordre social menacé, il fallait à la France arrivée
» aux bords d'un abîme insondable, UN ARBITRE SU-
» PRÊME, étranger à la fois aux vieux partis contre-ré-
» volutionnaires, à l'esprit de désordre et aux théories
» systématiques du parti révolutionnaire, qui n'était lui-
» même qu'un vieux parti.

» Cet arbitre suprême, issu de race impériale, d'une
» race impériale ayant la double sanction de la gloire
» et du malheur, et trop jeune encore pour avoir perdu
» la faculté d'apprendre et d'oublier, cet arbitre su-
» prême, suscité de Dieu et sanctionné par l'acclamation
» du suffrage universel, a été Napoléon III. »

Ces vues, qui semblent jeter une lumière nouvelle
sur l'histoire contemporaine de la France, ne sont pas
les seules à remarquer dans l'article de la *New quarterly Review*. Ce qui est dit de la philosophie d'Auguste
Comte, auteur presque inconnu parmi nous, quoique
Français, révèle que l'Angleterre subit déjà, beaucoup
plus qu'on ne le croit généralement, l'influence de certaines idées qui ont fait en France de si grands ravages

par la propagation d'autres théories du même genre, et sous des formes moins épaisses que celles dont elles sont revêtues dans les ouvrages du fondateur de l'école dite *positiviste*.

Mais le fait le plus significatif qui se rattache à cette publication de la *New quarterly Review*, c'est la méthode philosophique d'après laquelle ces idées sont combattues. C'est dans le pays même de Bacon, de Locke, de Jérémie Bentham, que l'on répudie, aujourd'hui, la méthode adoptée par ceux qui s'appellent « LIBRES PENSEURS, » et qui se croient tels, parce qu'ils font le vide dans leur esprit et qu'ils s'efforcent, bien en vain, de se priver du riche héritage de la tradition et de la Révélation.

En philosophie comme en politique, la *Nouvelle Revue trimestrielle* de Londres a donc pris une position qui justifie son titre. Elle a donné un organe à la nouvelle génération qui, en Angleterre comme ailleurs, cherche à se dégager des vieux partis. Les idées représentées par l'ancienne *Revue trimestrielle* publiée par Murray, par la *Revue d'Édimbourg*, par la *Revue de Westminster* et par le *Fraser's Magazine*, sont évidemment sur leur déclin. Pour l'Angleterre intellectuelle comme pour l'Angleterre politique, les vieux partis s'en vont, et tels qui se croyaient de redoutables novateurs ne sont plus que des rapsodes surannés. C'est le moment de s'écrier : *Exoriare aliquis!* Qu'il se lève enfin quelqu'un ! Puisse la *New quarterly Review* en être le précurseur.

SITUATION DE LA FRANCE

sous

L'EMPEREUR NAPOLÉON III.

§ Ier.

VÉRITABLES CARACTÈRES DU TEMPS PRÉSENT.

Et quel temps fut jamais plus fertile en miracles? Ces mots, que le tragique national français Jean Racine met dans la bouche d'un personnage de sa tragédie d'Athalie, ne s'appliquèrent jamais à une époque historique aussi bien qu'au siècle où nous vivons.

Ce siècle, dont la première moitié est à peine écoulée, a déjà vu la construction des premiers bateaux à vapeur, des premiers chemins de fer, des premiers télégraphes électriques, terrestres et sous-marins. Grâce à ces puissants moteurs et au développement de la presse, pour la première fois arrivée à la conscience de sa force, sinon de ses devoirs, un réseau de communication régulière et presque instantanée s'étend maintenant sur tout le globe. L'accroissement extraordinaire des États-Unis d'Amérique, la formation de l'empire du Brésil, la naissance et la maturité précoce de l'Australie, de la Californie, de la Nouvelle-Zélande elle-même, aspirant à reproduire aux antipodes une image parfaite de la vieille société anglaise, sont aussi de grands miracles. Mais du contact si rapide de tous les éléments de la civilisation humaine, il devait résulter des faits d'un ordre supérieur, des faits *spirituels* et *moraux* qui, effectivement, n'ont pas tardé à se produire. Nous en aurions plus d'un à signaler. Celui sur lequel nous voulons, pour le moment, appeler spécialement l'attention, c'est l'alliance intime de l'Angleterre et de la France, conclue au moment même où cette dernière nation, en sanctionnant par le suffrage universel l'avénement à l'empire de l'héritier de Napoléon Ier, comme personnifiant les conséquences raisonnables et acceptables du cataclysme social de 1848, venait d'accomplir une évolution historique qui, en d'autres temps, n'aurait inspiré aux classes gouvernantes de notre pays qu'hostilité et défiance.

La position que l'Angleterre a prise, à un moment si décisif dans l'histoire du monde, avait été préparée, il est vrai, — d'un côté par les premiers efforts d'alliance et d'entente cordiale avec la France, tentés plus particulièrement après la révolution française de 1830, et favorisés par la sagesse pratique et le bon sens si perspicace du duc de Wellington, — d'un autre côté par l'accomplissement pacifique, en Angleterre même, et toujours sous l'influence modératrice de ce même duc de Wellington, plus grand peut-être comme homme d'État que comme homme de guerre, de trois grandes réformes : nous voulons dire l'émancipation des catholiques, la réforme électorale et la réforme des tarifs, qui a si profondément modifié la position de notre aristocratie territoriale.

Dans toute autre circonstance, ces trois mesures, surtout la dernière, auraient donné lieu à une ou plusieurs révolutions. Que ces révolutions aient été évitées dans notre pays, nous en attribuons le principal honneur au duc de Wellington, parce que ce grand homme, que tant de circonstances auraient pu conduire à l'infatuation et à l'enivrement de soi-même, ainsi que nous en avons vu l'exemple chez de moins grands que lui, par exemple chez le roi Louis-Philippe et chez M. Guizot, a su se maîtriser et céder à propos aux conseils de sages amis, tels que le marquis de Lansdowne et sir Robert Peel, en donnant son consentement aux mesures précitées. •

Le duc de Wellington a ainsi créé à notre pays une situation qui nous disposait à accepter en France les résultats de la révolution de 1848, et l'avénement de Napoléon III comme conséquence de cette révolution.

Quand est survenu le danger commun qui menaçait de changer, au profit de la Russie, les conditions de l'équilibre européen, l'alliance de l'Angleterre et de la France s'est établie sur des bases tout à fait nouvelles dans l'histoire de la diplomatie et pour un objet bien différent de ceux qui, ordinairement, donnent lieu à des alliances semblables.

La guerre d'Orient, pendant toute sa durée, n'a été qu'un échange continuel de bons procédés entre les souverains, de noble émulation et d'assistance mutuelle entre deux armées qui s'étaient livré, au commencement du siècle, une guerre longue et acharnée. Une

fois maîtresses de la Crimée et occupant Constantinople
de manière à y faire aisément la loi, la France et l'Angleterre n'ont voulu tirer d'autre profit de leur victoire
que le rétablissement de la paix, le maintien de l'inté-
grité de l'empire ottoman (la régénération ou la disso-
lution définitive de cet empire reste désormais entre les
mains des Turcs eux-mêmes), la formation d'un nouveau concert européen, et l'admission de la Turquie
dans ce concert. Ce dernier point n'est pas une des
choses les moins extraordinaires de ce siècle.

Depuis le rétablissement de la paix, l'alliance de la
France et de l'Angleterre n'a fait que se consolider par
l'intimité des relations personnelles entre les deux souverains, par les concessions réciproques que les deux
gouvernements se sont faites l'un à l'autre, chaque fois
qu'il est survenu quelque différence d'opinion ou d'intérêt. Dans toutes les parties du monde, au nord de
l'Europe, en Chine, au Mexique, dans les rapports des
États-Unis de l'Amérique du Nord avec ceux de l'Amérique centrale, la diplomatie combinée de l'empire
britannique et de l'empire français s'emploie amiable-
ment à faire prévaloir l'ordre et la justice. Les soldats
des deux armées, les matelots des deux flottes, portent
les mêmes médailles.

Sous l'influence et par l'exemple des deux grandes
nations, les autres peuples de l'Europe resserrent de
plus en plus leurs relations. Les entrevues personnelles
entre souverains n'ont jamais été plus fréquentes, les
relations de peuple à peuple plus faciles et plus ami-
cales. Les sciences, les arts, les diverses industries,
tous les intérêts sérieux et légitimes ont pu se réunir en
congrès. Nous avons eu les congrès monétaires, les

congrès du libre échange, les congrès d'éducation, les congrès sanitaires et des institutions de bienfaisance. Les réunions religieuses se multiplient et prennent toutes un caractère d'universalité qui manifeste et fortifie en même temps les sentiments de fraternité entre les peuples.

A l'occasion de la définition de l'Immaculée Conception, les évêques catholiques, venus de tous les points du globe, ont pu s'assembler à Rome, autour du Souverain Pontife, et former, pour la première fois, une sorte de concile œcuménique, hors de la présence et sans l'immixtion directe ou indirecte d'aucun des souverains temporels. Jusqu'à présent la Russie s'était tenue à l'écart de toutes les autres puissances. Pénétrant et intervenant partout au moyen de sa diplomatie, cette puissance demeurait chez elle hérissée de fortifications et de prohibitions; elle abaisse aujourd'hui spontanément ses tarifs, et ouvre la porte à ceux de ses nationaux qui veulent visiter les autres parties du monde, ainsi qu'aux sujets et aux citoyens des autres États qui désirent former des relations avec ses propres sujets. Elle appelle les capitaux européens à la construction de ses chemins de fer, et elle en confie l'administration à un comité dont la portion prépondérante siége à Paris. Toutes les grandes entreprises deviennent des entreprises européennes; tous les marchés, toutes les bourses du monde, sont en communication électrique. Tout ce qui peut accroître les lumières, les richesses, les jouissances, tout ce qui peut contribuer au bien-être des hommes sur cette terre, à leur édification morale et spirituelle, en ce qui concerne les choses d'En Haut, tout cela est libre, tout cela est sous la protection de la loi et de ceux qui en représentent l'action vivante et vigilante. Il n'y a de gênés dans leurs mouvements que les criminels et les maniaques qui voudraient faire de la tempête révolutionnaire l'état normal de l'atmosphère politique, et qui érigent en droit suprême les rêves de leur imagination solitaire et maladive. Il n'y a de vigoureusement pressés par la surveillance et la rigueur des pouvoirs légitimes que les assassins et ces conciliabules ténébreux de l'assassinat et de la guerre civile : « Les sociétés secrètes. »

Chez la nation française, en particulier, à la suite d'une explosion inattendue, quoique préparée de longue main, au *grand jour* par dix-huit années d'anarchie parlementaire, et *clandestinement* par le travail des sociétés secrètes, tous les principes traditionnels, toutes les institutions consacrées par le temps ont été tout d'un coup remis en question : toutes les théories et toutes les inventions de l'esprit moderne ont eu la parole, et, en quelque sorte, la libre pratique; toutes les individualités sorties des rangs ou aspirant à en sortir, soit par leurs prétentions plus ou moins justifiables, soit par l'excentricité de leur caractère ou de leur esprit, ont été mises en évidence et se sont elles-mêmes offertes à l'appréciation raisonnée des esprits sérieux, par la publicité du journalisme, et, par le moyen des clubs et des manifestations en plein vent, à la faveur capricieuse de la multitude.

Au milieu de la confusion universelle qui fut le résultat de la révolution de 1848, et qui fut produite, d'un côté par la résistance, tantôt latente, tantôt patente, mais toujours obstinée et inexorable des intérêts menacés et des vieux partis, et, de l'autre côté, par l'agression aveugle et indisciplinée d'une cohue qui s'appelait elle-même *la révolution*, comme pour rendre son avénement impossible; —à la veille d'une élection générale où cette révolution démocratique et sociale allait inévitablement forcer le frêle endiguement qu'on avait cherché à lui opposer par une loi restrictive du suffrage universel (1); il fallait à l'ordre social menacé, à la France arrivée au bord d'un abîme insondable, un ARBITRE SUPRÊME, étranger à la fois aux vieux partis contre-révolutionnaires, à l'esprit de désordre et aux théories systématiques du parti révolutionnaire, qui n'était lui-même qu'un vieux parti.

Cet arbitre suprême, issu de race impériale, d'une race impériale ayant la double sanction de la gloire et du malheur, et trop jeune encore pour avoir perdu la faculté d'apprendre et d'oublier, cet arbitre suprême, suscité de Dieu et sanctionné par l'acclamation du suffrage universel, a été Napoléon III.

Napoléon III, encore plus par l'ascendant de sa diplomatie pacifique et médiatrice que par la force de ses armes victorieuses, a conquis pour la France une position plus élevée et moins disputée qu'elle n'en eut jamais à aucune époque de son histoire. Cette position est acceptée non pas sous la pression des sentiments de crainte qui maintiennent la domination toujours douteuse des conquérants, mais avec la sympathie et l'estime qu'inspire toujours la force, lorsqu'elle s'applique à faire le bien et à maintenir la paix. L'ordre intérieur est rétabli. L'Autorité a retrouvé son auréole et son prestige. Une Constitution, des Lois Organiques qui sont, en réalité, le résumé pratique de tout ce qu'il y

____

(1) La loi du 31 mai, votée par l'Assemblée législative.

a de sain et d'applicable, de tout ce qui est approprié au génie national et à l'état réel des opinions et des mœurs en France, fonctionnent, depuis plusieurs années, aux acclamations du suffrage universel. Le crédit public de l'empire s'est établi sans subir le patronage hautain et exigeant des financiers. Les revenus de l'État augmentent. Les institutions de prévoyance et de charité se multiplient. L'agiotage est en disgrâce. Le défrichement des Landes, les grandes lignes de navigation transatlantique, tous les travaux productifs sont encouragés. L'œil et la main de l'Empereur sont partout. Ce n'est pas à Paris seulement, c'est dans toute la France; c'est à la fois dans les campagnes et dans les villes que les grands travaux publics se développent et ont déjà renouvelé la face du pays. Une institution nouvelle, une Banque de Crédit Foncier a été créée pour le développement du crédit agricole. L'Armée et la Flotte sont organisées sur un pied formidable. La conquête de la Kabylie, complément obligé de l'occupation de l'Algérie, des expéditions aussi heureuses que rapides dans la colonie du Sénégal, ont ouvert définitivement le nord et l'ouest de l'Afrique à la culture, au commerce, à la civilisation. Tandis que la Nouvelle-Calédonie prend la place de la Guyane comme colonie pénale, celle-ci, par les nombreux et abondants gisements d'or qui viennent d'y être découverts, promet de devenir une Australie française.

Eh bien, c'est au grand jour de cette lumière, c'est en présence de pareils faits que certains organes de la presse anglaise se font un jeu de travestir les institutions de la France, et s'efforcent de rendre odieux celui-là même qui a préservé la France et l'Europe des plus grands périls, et formé avec l'Angleterre les premiers liens d'une alliance que les hommes sérieusement dévoués à la cause du progrès et de la civilisation devraient s'efforcer de rendre chaque jour plus intime et plus efficace !

§ II.

LES DÉTRACTEURS DE NAPOLÉON III.

On conçoit encore que les hommes de parti en France, les ambitieux désappointés, les idéologues inconsolables de l'avortement de leurs théories, persistent dans leur aveuglement et donnent cours à leurs rancunes par l'injure et la calomnie, par une dénégation systématique de tout le bien qui est fait, par une interprétation pessimiste de certaines mesures d'ordre et de protection qui portent leur lumière et leur justification avec elles-mêmes. Mais appartient-il à la presse anglaise de venir épaissir les ténèbres dont ces esprits, bien mauvais juges dans leur propre cause, sont entourés, et qu'ils s'efforcent d'étendre et d'accroître ? Ne devons-nous pas, au contraire, profiter de notre position impartiale dans les événements de l'histoire contemporaine en France, de la neutralité que l'Angleterre a gardée même avant de devenir sympathique et alliée, pour calmer les passions au lieu de les aigrir, et surtout pour décourager par le froid accueil fait à leurs opinions ceux avec qui nous ne pouvons pas coopérer, quand ces *opinions* se traduisent en *actes ?*

Ne voit-on pas que tout ce qui se dit dans la presse anglaise contre le gouvernement impérial de France tourne à notre propre disgrâce, puisque ce gouvernement est notre allié, et que les circonstances de la dernière guerre faite en commun avec la France nous ont donné la mesure des avantages de cette alliance? Napoléon III n'a-t-il pas été, en plusieurs occasions, l'hôte bien accueilli de la nation anglaise? N'est-il pas l'ami de notre Reine, de cette gracieuse Souveraine qui vit entourée du respect universel et de l'amour bien mérité de son peuple?

Il est vrai que le bon sens anglais fait justice des vaines déclamations, et que ces déclamations nous laissent froids et indifférents. Mais cette froideur et cette indifférence sont un mal dangereux, si nous laissons graduellement et insensiblement sophistiquer l'opinion, et si nous ne sommes pas plus attentifs aux symptômes d'égarement qui se manifestent dans les hautes régions de la société et parmi les classes lettrées qu'aux exhibitions de la plate-forme des assemblées publiques et aux hâbleries des « stump-orators (1). » En pareil cas, la protestation passive du bon sens ne suffit pas : il faut un travail actif de redressement. S'il est vrai, comme dit le proverbe allemand, qu'un écervelé peut, en une minute, dire plus de sottises et de choses oiseuses que la vie d'un sage ne suffirait à élucider de vérités utiles, il faut néanmoins que le sage se résigne à son pénible rôle; il faut qu'il s'occupe de labourer le sol de la pensée et de lui faire produire, à la sueur de son front, une moisson de pur froment

---

(1) Orateurs de clubs et d'assemblées publiques.

plus substantielle que l'éclat passager de ces fleurs sauvages que l'on trouve toujours autour de la tige qui produit l'épi.

Les symptômes d'égarement que nous signalons, surtout parmi les *lettrés des classes supérieures* et des *universités* (University gentlemen), se produisent particulièrement dans deux publications, l'une mensuelle, l'autre hebdomaire, *The Frazer's Magazine* et *The saturday Review*. Nous ne parlons pas du *Times* et de la *Revue d'Edimbourg*, parce que le public est suffisamment en garde de ce côté. On connaît les liaisons personnelles de ces journaux avec les chefs et sous-chefs des vieux partis en France.

Les personnes auxquelles nous voulons avoir affaire, et qui envoient habituellement leurs communications au *Frazer's Magazine* et à la *Saturday Review*, sont réputées pour véritables « english scholars and gentlemen, » et nous croyons qu'elles sont telles en effet. Ces gentlemen n'ont pas de vues intéressées, mais ils sont riches de rhétorique classique et bien farcis d'histoire romaine et de lectures philosophiques. Quant aux faits de l'histoire contemporaine, quant à l'état réel des institutions et des mœurs en France, ils les ignorent entièrement ou les voient à travers la poussière des bibliothèques et des vieux monuments. Ils connaissent mieux les ruines d'Herculanum et celles de Ninive, les cryptes des vieilles cathédrales et les catacombes de Rome.

Dans le but d'en finir avec l'archéologie appliquée à la politique contemporaine, nous avons cherché un morceau qui en résumât toute l'excentricité et qui

fût la fleur par excellence de la rhétorique tyranno-
phobe. Nous avons trouvé le chef-d'œuvre du genre
dans un cahier déjà ancien du *Frazer's Magazine;* c'est
une amplification modèle. Le fond de cette amplification, si elle a un fond quelconque, est une comparaison suivie, sinon exacte, entre l'empire romain des
Césars et l'empire français sous Napoléon Ier et Napoléon III. L'auteur voit des signes menaçants pour la
libre pensée; il pressent l'extinction prochaine de la
vie spirituelle dans le cœur des Anglo-Saxons, par
suite de l'invasion des habitudes de la race celtique,
idolâtre des héros et des grands hommes. Une passion
subite se serait emparée de l'Angleterre pour un gouvernement despotique. « English freedom has become
» a weariness. There is a growing desire for despo-
» tism. »

Nous demandons d'abord quelle analogie peut exis-
ter, aux yeux d'un observateur sérieux, entre les em-
pires de Rome et de Byzance et l'empire français?

L'empire romain était une agglomération de provinces conquises, étrangères l'une à l'autre, sans moyens
de communication intellectuelle ou matérielle com-
parables à ceux qui existent aujourd'hui. Il s'était
formé par la conquête et le pillage; le peuple des
campagnes était esclave; celui des villes était com-
posé d'une multitude de valets et de clients, vivant de
l'argent de leur maître, comme ceux-ci vivaient des
dépouilles de l'ennemi. Il n'existait aucun lien reli-
gieux entre ces peuples divers; et, dans le sein même
du peuple vainqueur, du peuple-roi, les rapports des
diverses classes étaient fondés sur la force et se main-
tenaient par la corruption. Le Capitole était un bazar

de dieux entassés pêle-mêle sous la présidence inattentive et distraite de Jupiter Olympien, et tous écrasés sous la pression inexorable du dieu Fatum.

L'empire romain, issu de la lutte de chefs militaires les uns contre les autres, n'a été qu'un régime d'anarchie succédant à un autre régime d'anarchie et de guerre civile. L'empire était électif, ou plutôt c'était une proie livrée au plus offrant et dernier enchérisseur. Le rhétoricien du *Frazer's Magazine* décrit ainsi lui-même les effets de ce régime : « The democracy of » ancient Rome was a degradation. Rome was a city » of bandits and debauchees, without a moral faith » and without a god. The fairest lands of Italy became » a waste. In other countries the canker of huge estates » and slave labour spread till six grandees owned a » great province. »

Il serait facile de contester l'exactitude historique de cette description. Tout en se bornant à compiler les livres, le Vindex anglo-saxon n'a pas lu les meilleurs livres, ni ceux qui auraient pu lui donner sur les véritables conditions intérieures de l'empire romain et de l'empire de Byzance une idée plus exacte. Le dernier étudiant en droit, avec les notions les plus superficielles qui se puissent tirer du Digeste et des Pandectes, aurait été plus judicieux, plus calme et surtout plus vrai dans ses appréciations. Mais, pour l'objet qui nous occupe, plus les opinions énoncées seraient exactes, moins elles seraient applicables au régime impérial en France ; car il suffit d'un peu d'attention, il suffit même de regarder avec les yeux à demi fermés, pour reconnaître que non-seulement il n'y a pas d'analogie, mais qu'il n'y a que des oppositions et des contrastes entre le nouvel empire français et le pandæmonium païen de l'ancienne Rome.

L'Empire Français, fondé par Napoléon Ier, est issu d'une révolution politique et sociale dont les principes, aussi bien chez les Constitutionnels et chez les Girondins que chez les Montagnards et les Révolutionnaires extrêmes, relèvent des sentiments les plus élevés et des aspirations les plus généreuses, quelles que soient les aberrations auxquelles ces principes ont donné lieu, et quels que soient les crimes qui sont résultés de l'ivresse maladive des esprits. C'était une ivresse maladive si l'on veut, mais c'était une ivresse *spirituelle ;* ce n'était pas une orgie de paganisme et de corruption.

Une fois l'œuvre de démolition et de désordre accomplie en France, il fallait un organisateur. En succédant à une monarchie de huit siècles et à une république éphémère dans sa durée, mais dont le passage devait laisser des traces ineffaçables dans les institutions de la France, Napoléon Ier avait à faire un double travail de restauration et d'organisation à nouveau. Et c'est parce qu'il a compris ainsi sa mission qu'il a, du même coup, rétabli la monarchie, maintenu les droits légitimes de la tradition nationale, et organisé la révolution dans ce que ses prétentions nouvelles avaient d'équitable, de rationnel et de praticable. Ce n'est pas un assemblage incohérent de peuples conquis et de provinces étrangères les unes aux autres qu'il a eu à réunir et à contenir sous le sceptre de l'unité ! Il a eu à défendre contre l'invasion étrangère, contre une coalition de rois absolus, fomentée et soldée par l'oligarchie anglo-saxonne, une nation homogène, compacte, parlant la même langue, de l'Escaut à la Méditerranée et du mont Blanc à l'océan Atlantique, pétrie et fusionnée par huit siècles d'un travail constant d'assimilation. Il a eu à défendre cette nation, au moment où ses paysans et ses bourgeois réclamaient leurs droits de citoyens, l'égalité devant la loi et l'abolition des priviléges qui les excluaient du droit de propriété. Que faisait donc alors Napoléon Ier ?... Il protégeait le plus grand effort tenté pour la civilisation humaine; il effectuait la réalisation du plus grand progrès que l'on eût encore conçu et essayé d'accomplir.

Vaincu par les ennemis du dehors, Napoléon Ier a laissé cette œuvre d'organisation civilisatrice si profondément enracinée sur le sol national et l'esprit nouveau si complétement incarné dans la nation française, que ses successeurs, soit de la branche aînée, soit de la branche cadette de l'ancienne dynastie, n'ont pu rien ajouter à ce qu'il avait conservé de la monarchie ni rien détruire de ce qu'il avait réalisé de la révolution. Après dix-huit siècles de christianisme, Napoléon Ier a trouvé une nation chrétienne formée par Clovis, Charlemagne, saint Louis, et toute une noble série de Rois très-chrétiens; il a rendu à cette nation le culte de ses pères; il a rétabli, par le concordat, ses liens directs avec l'Église de Rome, dont l'Église de France ne s'est jamais séparée.

Et voilà l'homme que l'on appelle « the greatest mountebank in history! » Le plus grand banquiste connu dans l'histoire.

Certes, Napoléon Ier ne fut pas sans erreurs; mais ces erreurs sont celles de son temps et celles de sa position tout à fait exceptionnelle comme représentant une révolution dont la lave avait à se purifier en se solidifiant. On peut lui reprocher son divorce. Sur ce point, l'opinion d'un grand nombre de ses amis et de ses admirateurs reste en suspens. Mais quant à contester son courage militaire et à lui reprocher d'avoir cédé, au moment où il voulait aller chercher la mort du désespoir dans la mêlée de Waterloo, aux instances de ceux qui pensaient à l'avenir de la France, il faut être pour cela un sophiste engagé à soutenir quand même une thèse contre toute vérité et contre toute vraisemblance !

Comment sa dynastie, que l'on croyait ensevelie pour toujours dans le tombeau de Sainte-Hélène, s'est-elle rétablie avec plus de force et d'éclat après trente-quatre ans, et pour ainsi dire au sein même des générations qui l'avaient vu naître ?

Les causes secondaires de cet événement sont visibles à tous les yeux. Après la révolution qui avait établi une ligne de démarcation ineffaçable entre l'ancien régime et un nouveau régime dont le premier caractère devait être l'indépendance et la dignité de la nation, la France ne s'était jamais donnée sans réserve à la dynastie des Bourbons, entachée du péché originel de l'invasion étrangère. Même à l'égard de la branche cadette de cette dynastie, les souvenirs souvent évoqués de Valmy et de Jemmapes n'avaient point prévalu contre ceux de 1814 et de 1815. La rapidité si expéditive des révolutions de 1830 et de 1848 en est bien la preuve.

On dit que la république de 1848, en France, aurait pu trouver un Washington. En fait, elle ne l'a pas trouvé, par la raison bien simple que chaque arbre porte son fruit, et qu'on ne fait point produire des raisins à un pommier. Il n'y avait pas de place en 1848 pour un Washington. Il y en avait, tout au plus, pour un Cromwell ou pour un Monck. Cavaignac et Changarnier n'ont pas montré ce caractère et ce génie autonomes, en vertu desquels les grands hommes (representative-men), dans les crises sociales, assument des responsabilités suprêmes et sentent bien distinctement, d'une part, qu'ils sont la personnification de l'intérêt national et social; d'autre part, qu'ils ne relèvent que de Dieu et de leur épée. Cavaignac et Changarnier ont agi en mandataires passifs, bons pour exécuter la consigne des pouvoirs humains : ils n'ont pas su prendre le mot d'ordre de la Providence; et ce rôle, d'ailleurs, n'appartenait, à aucun titre, ni à leur propre personne ni à ceux qu'ils personnifiaient.

Indépendamment de toutes les causes secondaires qui ont préparé le rétablissement de la Dynastie Impériale — (et au nombre de ces causes secondaires, il faut compter les fautes commises par les vieux partis, et constater, de leur côté, une complète absence de génie politique), — il y a du *surnaturel* dans toutes les circonstances qui ont suscité Napoléon III, qui l'ont porté au trône impérial et qui l'y ont suivi.

C'est un décret de la Providence, ce n'est pas, comme on le dit, une mystification du Destin. Que signifie un tel langage dans un écrivain qui ne parle que de *spiritualisme* et de liberté ?

Que serait-il arrivé, dit encore le même écrivain, si en 1851 le suffrage universel avait répondu : Non !

Question oiseuse et puérile, aussi étrange de la part

de ceux qui croient au Destin que de la part de ceux qui croient à la Providence.

« Ce qui arrive doit arriver, » répond le Destin. « Les choses que je veux, » répond la Providence, « s'accomplissent par un accord spontané, instinctif et en quelque sorte préétabli entre les parties intéressées dans l'action. »

Et, en effet, dans le cas dont il s'agit, le mécanisme extérieur du scrutin n'a fait que constater ce qui s'était passé au moment décisif, par une sorte de communication sympathique entre Napoléon III, ayant confiance qu'il accomplissait une œuvre de salut, et la majorité réelle et effective de la nation partageant la même conviction.

C'est ainsi que voient les choses ceux qui croient sérieusement à l'intervention de Dieu et de l'*Esprit* dans les événements de l'histoire. Il est curieux que ceux-là mêmes qui parlent le plus souvent de l'action de Dieu et de l'*Esprit*, ne la voient jamais dans les faits et les réalités du monde, mais dans leur propre imagination. On a dit de ces gens-là : « Ils ne croient pas en Dieu, mais ils se croient Dieu ! » Tout ce qui n'arrive pas au gré de leur fantaisie est en dehors du gouvernement de la Providence. Dans le mouvement ordinaire des sociétés, dans cette force vitale qui les maintient quelquefois contre les égarements de leurs propres chefs, ils ne voient jamais que l'action humaine, parce que l'action divine, comme ils la conçoivent, suppose le monde fantastique qui est au fond de leurs rêves. Ils croient, par exemple, que le gouvernement des sociétés peut passer impunément de mains criminelles et incapables à d'autres mains également criminelles et incapables. Ils ne voient pas que les Grands Hommes sont des Personnalités Exceptionnelles, valables pour plusieurs générations ; que le sillon qu'ils tracent est une rainure dans laquelle ces générations n'ont plus qu'à les suivre, et que le courant créé par ces Grands Hommes est une force qui peut pousser la Société pendant plusieurs siècles. Au surplus, l'incapacité et l'immoralité des souverains ne prouvent pas que le gouvernement doit appartenir à la multitude, le plus immoral et le plus incapable des tyrans : cela prouve seulement que c'est Dieu qui est le maître.

D'ailleurs, une succession de souverains immoraux et incapables porte avec elle-même la destruction de leur royaume. Pendant qu'ils disparaissent, un autre empire se prépare. C'est ainsi que Dieu fit sortir des ruines de l'empire des Césars l'établissement du christianisme.

Nous l'avons déjà vu, l'empire de Napoléon III n'a aucun des caractères de l'empire des Césars.

Napoléon III n'est point l'élu d'une multitude grossière et servile : il est l'élu de dix millions de propriétaires, le souverain acclamé d'une grande nation qui lui offre spontanément trois milliards, quand il en a besoin pour soutenir la dignité nationale. Il est le chef redoutable et bien-aimé d'une armée victorieuse qui est pure de toute exaction et de toute spoliation, et qui est le modèle le plus irréprochable de la discipline et de l'honneur militaires. — La France n'est pas à la veille de voir ses terres incultes devenir la propriété de quelques seigneurs : une grande partie de ses paysans sont propriétaires. Pendant que l'on déclame contre une prétendue substitution de Palais aux demeures du peuple, les documents de statistique les plus irrécusables prouvent que des constructions accessibles aux classes ouvrières s'élèvent de toutes parts. Ces constructions sont payées au moyen des salaires et des gains de tous genres réalisés par la construction des Palais, et ces Palais, à leur tour, sont l'aliment de la vie artistique, ainsi que ces splendides maisons qui forment aujourd'hui les demeures, les magasins et les boutiques des bourgeois de Paris. —On ne voit, dans les rues de Paris, ni ces bandits ni ces scènes de débauche dont les rues de Londres sont infestées. Heureux les jeunes élèves d'Éton, d'Oxford et de Cambridge, qui, dans la paisible enceinte de leurs cloîtres, n'aperçoivent rien de ce qui se passe chez eux, tandis qu'ils lisent, dans des journaux factieux ou mercenaires, les faux récits de ce qui ne se passe pas chez les autres !

Après s'être couverte de chemins de fer, la France est en voie de reconstruire ses maisons d'un bout à l'autre du territoire. Les églises se réparent et se bâtissent de toutes parts, au moyen de la souscription des fidèles, et aussi avec le concours des paroisses et de l'État. En France, les souscriptions libres et volontaires n'excluent pas le concours des pouvoirs publics : elles le provoquent et le justifient ; les pouvoirs publics exprimant la somme des libertés de tous, et comprenant ainsi la liberté de chacun.

L'Empire français n'est point gouverné par la seule volonté d'un autocrate : il est gouverné en vertu d'une Constitution qui a emprunté, en les améliorant, aux diverses Constitutions dont l'expérience a été faite depuis 1789, leurs principes les plus applicables et le mieux adaptés au génie français. Les recettes du budget de l'État, comme les taxes départementales et communales, se lèvent par le vote des contribuables. Le suffrage universel et l'égalité de tous les citoyens devant la loi sont les deux bases de la Constitution; la fraternité des classes, sous l'influence de la Religion, en est le *ciment*.

La France tolère et salarie tous les cultes. Les juifs siégent dans ses assemblées; les rabbins sont inscrits au budget de l'État; et cependant, c'est la religion nationale, c'est la religion de la majorité des Français qui seule est en progrès !

Le gouvernement de l'Empereur ne favorise pas l'agiotage : il l'a trouvé en pleine activité. Les agioteurs et spéculateurs font, au contraire, une guerre sourde au gouvernement impérial. On se borne à les contenir, jusqu'à ce que le moment arrive de mettre un terme à leurs transactions frauduleuses.

§ III.

LE COMTISME.

En même temps que l'impérialisme, on signale le *comtisme* comme un autre symptôme de l'engouement funeste qui s'empare de notre époque en faveur du pouvoir absolu.

Il nous a coûté quelque recherche pour découvrir ce qu'on voulait dire par *comtisme*, et ce que signifiait cette néologie. Nous avons découvert qu'il s'agissait d'un philosophe français nommé Auguste Comte, qui, de la position de répétiteur à l'École polytechnique, s'est graduellement élevé lui-même à la dignité de hiérophante, fondateur de la secte des positivistes et sociologistes. On ne s'attendait guère à cette bizarre association d'idées ; mais elle s'explique, en ce sens que ceux qui ne connaissent la France et l'empire français que par les correspondances des journaux de parti, doivent naturellement attacher de l'importance aux gros volumes de matière historique et sociale élaborés par M. Auguste Comte.

En réalité, il n'y a aucun rapport entre les idées de M. Auguste Comte et les institutions de l'Empire. La théorie de M. Comte aboutit à une papauté rationnelle et scientifique, à la paix universelle, à l'abolition des pouvoirs militaires ; il est vrai qu'elle commence par la négation de la chute de l'homme et du péché originel, ce qui conduit tout naturellement à justifier l'anthropophagie et l'esclavage.

« L'esclavage et le cannibalisme, » disent les philosophes positivistes, « sont bons pour leur temps, mais pour leur temps seulement. »

L'esclavage et le cannibalisme, répondons-nous, ne sont jamais bons ni pour un jour ni pour un autre. Ce sont les signes et les stigmates de la dégradation humaine, destinés à disparaître graduellement à la lumière de la Révélation chrétienne.

Malgré ses erreurs, la doctrine de M. Auguste Comte a eu du moins cela d'avantageux, que la philosophie rationaliste a été conduite à examiner, d'une manière plus approfondie et plus impartiale, au point de vue de leur nécessité et de leur utilité, certaines époques de l'histoire du monde que les soi-disant libres penseurs n'avaient su que condamner aveuglément, sans les comprendre. Le moyen âge, la papauté et la scolastique ont été expliqués et réintégrés dans les fastes du progrès humain. Les travaux consciencieux de M. Auguste Comte auront une place honorable dans l'histoire philosophique du dix-neuvième siècle, mais ils n'auront point de conséquences pratiques. Le pouvoir absolu dont M. Auguste Comte a prédit et voulu préparer l'avénement est celui de la science ; ce qui implique contradiction en soi, puisque la liberté est l'essence même de la science. De plus, cela est entièrement étranger aux tendances de l'époque actuelle, qui fait moins de cas de l'autorité de la science que de toute autre autorité. L'école positiviste, elle-même, n'aura donc qu'une durée éphémère.

M. Auguste Comte vient de mourir. Ses disciples sont venus se disputer sur sa tombe ; sa femme, son compagnon femelle suivant la science sociologique, y a fait éclater le scandale d'une douleur sauvage et que la grâce du sacrement chrétien aurait contenue et tempérée. Si c'est là de la hiérarchie scientifique, elle n'est pas près de s'établir en France, et n'est pas mieux appropriée aux mœurs de l'Angleterre. En s'occupant aujourd'hui de ces aberrations de la philosophie en France, les écrivains de la presse anglaise ne se doutent pas qu'ils sont tout bonnement d'une trentaine d'années en arrière du progrès que l'école du progrès a fait faire à ses propres doctrines. Auguste Comte ne représente qu'un explorateur attardé, par le poids de son bagage néologique et technologique, dans la voie que les disciples du philosophe Henri Saint-Simon ont *parcourue*, et fini de parcourir.

La philosophie de Comte, débordée et dépassée de toutes parts, ne fait que disséquer une momie couverte des bandelettes et des étiquettes de la terminologie matérialiste. Là on appelle la morale, la *bionomie ;* la science sociale, la *sociologie.* Nous verrons bientôt la statistique déguisée en *sociotomie* et *sociographie ;* le droit criminel en *sociopathologie ;* le Code pénal en *socio-thérapeutique.* Pourquoi ne mettrait-on pas aussi dans les catalogues de la *sociopharmaceutique,* le treadmill, le fouet et la cellule, cette aimable invention de la philan-throposociosophie. Nous conseillons aux sociologistes de ne pas oublier la méthode *hydrosociothérapique,* si heureusement appliquée par un maréchal de France, le comte Lobau, qui réprima un jour l'émeute, non par la mitraille ou la fusillade, mais par le jeu paisible des pompes à incendie.

Avec tout cet attirail, la sociologie n'est pas près d'envahir le monde, et de le donner à gouverner à ses mandarins.

§ IV.

MÉTHODE DES SOI-DISANT LIBRES PENSEURS, OU VAGABONDAGE

INTELLECTUEL.

Dépêchons-nous de sortir de ces enfantillages de la prétendue libre pensée, et qualifions, comme elle doit l'être, la *méthode philosophique* au moyen de laquelle on arrive aux singulières théories que nous venons d'examiner.

Une des héroïnes et des victimes de la première révolution, Madame Rolland, disait en marchant à l'échafaud : « O liberté! que de crimes on commet en ton nom! » Disons à notre tour : « O libre pensée! que de sottises l'on débite et l'on imprime en ton nom! »

C'est une chose très-respectable, à nos yeux, que les droits de la conscience humaine; mais la conscience humaine n'est pas une entité abstraite qui se puisse isoler de la création et vivre de soi-même. Elle vit et se développe au sein de l'humanité, au sein de Dieu; elle vit de Dieu et communie avec Dieu. En ce sens, la Révélation chrétienne a investi l'homme de *priviléges* qui constituent la liberté, dans le sens le plus élevé de ce mot. La tradition réintégrée et vivifiée par la Révélation chrétienne est l'atmosphère purifiée dans laquelle la conscience vit et respire : *In ea vivimus, movemur et sumus.* Les libres penseurs qui se placent en dehors de cette atmosphère sociale et traditionnelle sortent de leur élément : ils sont comme des poissons échoués sur la vase, comme des oiseaux sous la machine pneumatique; ils se trouvent par cela même en opposition avec l'ordre de la Nature, aussi bien qu'avec l'ordre de la Grâce. L'erreur est le fruit naturel de cet usage incomplet et irrégulier de la conscience, de ce don divin qui nous rend aptes à connaître la vérité : *Et Verbum caro factum est, et habitavit in nobis.* C'est pourquoi, lorsque nous faisons allusion à la libre pensée, telle que la plupart des philosophes modernes la comprennent, nous disons toujours la prétendue libre pensée. Ce n'est, en effet, qu'une prétention illusoire. Nous pensons dans la langue maternelle que nous avons apprise. Nous pensons avec ce qui nous a été donné, et en vertu de ce qui nous a été donné. Nous ne faisons pas plus notre conscience morale que nous ne faisons notre corps physique. Les plus grands hommes, ceux qui donnent le plus à la société et au genre humain, ne donnent jamais qu'un faible surcroît de ce qu'ils ont reçu.

Ces libres consciences, qui se croient émancipées et qui ne sont qu'insurgées et déraillées, n'arrivent qu'à des notions contradictoires et fausses sur tous les sujets, parce qu'elles cherchent à se mouvoir sans point d'appui. Elles n'ont même pas d'originalité et proclament, l'une après l'autre, les mêmes sophismes, devenus les lieux communs de la négation philosophique, comme les axiomes du bon sens traditionnel et les sentiments naturels des hommes en société dirigés et corrigés par l'éducation religieuse sont les lieux communs de la vie réelle.

Ainsi les libres penseurs disputent aux grands hommes les sentiments d'admiration, de dévouement et d'obéissance qu'ils inspirent aux masses. Ce qu'ils appellent le « hero-worship » (culte des héros), ils voudraient l'arracher du cœur de l'homme. Et c'est parce qu'ils se débattent en vain eux-mêmes contre cette impossibilité, qu'au lieu d'honorer la vraie grandeur, ils tombent, la plupart du temps, dans l'idolâtrie des abstractions ou sous le joug des tyrans les plus médiocres, de ceux qu'il est le plus honteux de suivre, de ces plats courtisans de la multitude, ou de ces ambitieux qui invoquent la souveraineté du peuple pour établir leur propre domination. Ce qu'ils refusent à Napoléon III, ils l'accordent à Mazzini !

D'autre part, en même temps qu'ils s'efforcent d'écraser sous le même niveau toutes les supériorités sociales, ils établissent, sur les données les plus futiles, une hiérarchie des races en vertu de laquelle les unes sont faites pour la liberté, les autres pour le despotisme. La race faite pour la liberté est la race anglo-saxonne, la race faite pour le despotisme est la race celtique. Pourquoi ne dit-on rien de la race anglo-normande, de la race gallo-franque, de la race franco-saxonne, qui, probablement, ont été faites pour quelque chose ?

Rien n'est plus faux que ces théories; rien n'est plus fragile que les données sur lesquelles on les appuie.

Nous ne voulons pas nier certaines idiosyncrasies ni même certaines inégalités parmi les différentes branches de la famille humaine; mais ces distinctions ne portent pas sur le fond même du caractère commun à tous les enfants du même Dieu. Elles portent seulement sur la forme, sur le mode de manifestation; autrement, le régime des castes et de la conquête serait l'état normal de la société humaine. La tradition chrétienne nous apprend que tous les hommes sont enfants du même Dieu, égaux devant la loi divine pour l'être aussi devant la loi humaine. Les libres penseurs feront bien de s'en tenir à cette vérité fondamentale, et d'en tirer les conséquences. S'ils plaçaient dans le milieu vivant de la Révélation chrétienne leur conscience, dont ils veulent disposer comme d'un petit être à part, ils seraient peut-être moins empressés de faire un héros sans reproche de Washington, le planteur virginien, le propriétaire d'esclaves. Ils ne feraient pas un modèle de liberté et de bon gouvernement de cette soi-disant république des États-Unis, que l'anarchie politique envahit chaque jour, et qui, pour avoir édifié son état social sur la doctrine de l'inégalité des races, fomente dans son sein tous les germes de la guerre civile et de la guerre sociale. Nous serions tentés de demander à l'éditeur du *Frazer's Magazine* en vertu de quel principe de la philosophie des libres penseurs il a soutenu, il y a quelques années, par l'organe de M. Carlyle, la légitimité de l'esclavage des noirs.

On n'en finirait pas si l'on voulait signaler toutes les erreurs, tous les sophismes, tous les abus de mots accumulés dans les quelques pages ampoulées auxquelles nous venons peut-être d'accorder plus d'attention qu'elles ne méritent. Tâchons d'en tirer l'occasion de quelques avertissements utiles à donner à notre pays, pendant la crise terrible qu'il traverse en ce moment. Nous ne croyons pas qu'il existe en Angleterre la moindre tendance à revenir au despotisme; mais, avec le bon sens pratique qui le caractérise, le peuple anglais reconnaît, chaque jour, les vices et les abus de l'individualisme exclusif et du relâchement des principes d'ordre et de gouvernement.

Les premiers mois de la campagne de Crimée lui ont ouvert les yeux sur les conséquences funestes des concessions faites aux rêveries des membres du Congrès de la paix et aux chicanes pécuniaires d'une fausse économie politique : — le peuple anglais a commencé la réorganisation de son armée et de son administration militaire.

La cruelle épreuve que nous subissons, en ce moment, dans l'Inde, nous apprendra sans doute à ne plus faire garder nos conquêtes par le peuple conquis lui-même, et à ne plus tolérer, sous prétexte d'on ne sait quelle liberté religieuse, les plus monstrueuses obscénités, les coutumes les plus barbares.

Le peuple anglais a vu où conduit la liberté sans contrôle des Institutions charitables et des fidéicommis de toute nature, institués et administrés à leur guise par les particuliers : — sans toucher à cette liberté, nous avons demandé à la Législation et à l'Autorité les garanties et les moyens de protection qu'elles seules peuvent fournir.

Nous avons reconnu les prévarications et les fraudes qu'une liberté excessive a introduites dans toutes les industries, depuis le comptoir du banquier jusqu'à la boutique de l'épicier : — nous songeons à mettre un peu plus d'ordre dans le système général de nos affaires.

Instruits par l'expérience, nous ne recommencerions plus, s'il s'agissait de la construction des chemins de fer, un système qui a multiplié ces voies de communication en dehors de toute proportion avec les besoins réels du commerce et de la circulation, tournant en une cause de ruine pour les actionnaires ce qui aurait dû leur assurer un légitime profit.

Dans tout cela, il n'y a rien d'alarmant pour la liberté. Régler la liberté, ce n'est pas la détruire : c'est la protéger contre ses propres excès; c'est surtout assurer les droits du faible.

Comprenons donc bien l'esprit de notre Constitution, et ne nous égarons pas à la poursuite de vains mots. La Constitution anglaise a duré déjà longtemps et durera plus longtemps encore, parce que chez nous l'usage de la liberté a toujours été réglé et pondéré par trois institutions disciplinaires et sociales de premier ordre : *l'éducation religieuse*, — *le mantien de l'ordre* dans la famille par le droit de primogéniture, qui lui donne un protecteur permanent et respon???ble ; — *la con-*

sécration du dimanche comme un jour de recueillement et de méditation religieuse. — Dieu préserve nos trois grandes institutions nationales contre les divagations et les ravages des soi-disant libres penseurs ! Et réjouissons-nous que la grande nation qui a fait, sur la plus grande échelle, l'expérience de la fausse philosophie et de la fausse liberté politique, soit aujourd'hui retournée dans la droite voie sous le sceptre tutélaire d'un homme fort et sage, et qu'elle commence à nous donner à nous-mêmes des exemples dont nous avons à profiter.

(*The New Quarterly Review.*)